CONTENTS

목차

갓스토리 구성

• **학생용 공과**

낮은 수준부터 6컷의 만화와 높은 수준까지의 질문과 활동이 담겨져 있는 공과책.

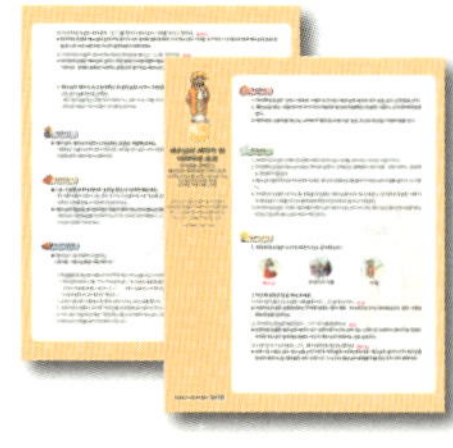

• **교사용 가이드**

학생용 공과의 질문에 대한 답변과 시대적 배경 설명, 활동자료 사용법에 대해 설명. (한장연몰 다운로드)

• **색칠하기**

각 과의 인물을 출력하며 색칠 할수 있도록 만든 컨텐츠. (한장연몰 다운로드)

• **스토리북**

13가지의 이야기를 담아낸 그림책으로 기초적인 질문을 통해 학습.

• **플래시애니메이션**

13과의 만화를 실감나는 영상으로 감상.
(한장연몰 다운로드)

• **설교 PPT**

도입, 스토리, 퀴즈, 적용으로 구성되어 체계적으로 설교를 이끌어 냄.
(한장연몰 다운로드)

갓스토리 사용하기

영 • 유아 (3세~5세)

① 색칠하기

유치 • 유년 (5세~7세)

① 플래시애니메이션

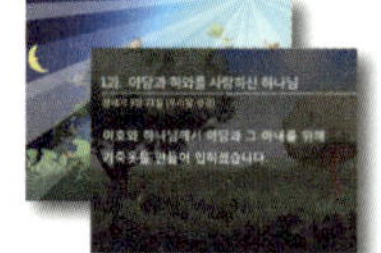

② 설교PPT

③ 스토리북

초등 (7세~13세)

① 플래시애니메이션

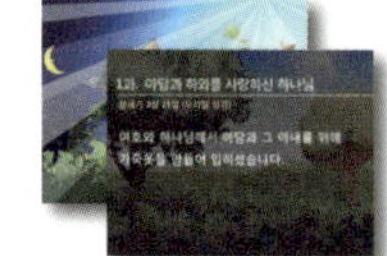

② 설교PPT

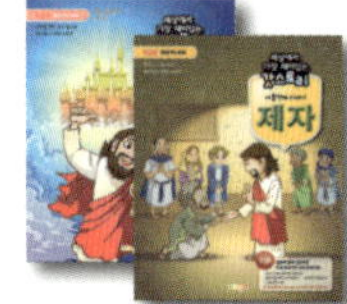

③ 학생용 공과

* 가능한 수준까지 문제풀기

갓스토리 활용가이드

• 본문말씀 / 6컷 만화

성경 이야기를 올바르게 이해하기 위해 성경을 찾아 천천히 읽습니다. 공과의 내용을 뚜렷하게 알려주는 중심구절도 반복해서 읽고 묵상하도록 합니다. 본문 말씀의 핵심이 되는 6컷 만화는 역할을 맡아 읽거나 플래시 애니메이션을 보면 더욱 재미있게 읽을 수 있습니다. 만화 속에서는 말씀 다지기의 답(빨간 글씨)도 찾을 수 있도록 표시되어 있습니다.

• 말씀배우기

읽고 쓰기가 어려운 학생들을 위한 질문입니다. 스티커 붙이기, 알맞은 것에 O표, 틀린 것에 X표 하기, 맞는것 찾아 연결하기, 따라쓰기의 질문으로 구성되어 있어 성경말씀에 쉽게 접근할 수 있습니다. 질문은 수준별로 나뉘어 있어 학생 수준에 따라 학생이 풀 수 있는 질문까지 풀도록 합니다.

• 말씀다지기

읽고 쓰기가 가능한 학생들을 위한 질문입니다. 질문을 읽고 알맞은 답에 O표 하기, 빈칸에 답적기, 장문쓰기로 구성되어 있어 심화된 수준으로 성경말씀에 접근할 수 있습니다. 질문은 수준별로 나뉘어 있어 학생 수준에 따라 풀 수 있는 질문까지 풀도록 하되, 학생의 특성과 능력에 따라 정답을 보고 따라 적거나 말하는 방법으로 풀이방법을 대체하여 학생이 더욱 적극적으로 참여하도록 합니다.

• 활동하기 / 특별활동

틀린 그림 찾기, 색칠하기, 오리고 붙이고 만들기 등 다양한 활동들로 핵심 내용을 학습하도록 구성하였으며, 학생들의 수준에 따라 활동의 난이도를 교사가 조절하여 학습능력을 최대로 이끌어 줄 수 있도록 구성하였습니다. 또한 4과, 9과, 13과에는 특별활동으로 해당 과의 중심된 내용으로 구성하여 학생들이 핵심 단어나 내용을 마음으로 이해할 수 있도록 오감을 자극하는 만들기로 구성하였습니다.

• 말씀따르기 / 기도하기

학습한 내용을 일상생활에 적용하도록 학생과 약속하는 시간입니다. 말씀 따르기가 예배시간 외의 시간과 장소에서도 이루어질 수 있도록 함께 다짐하고 점검하도록 합니다. 그리고 생활에 적용을 위해 그 날에 배운 공과를 기억하고 하나님 말씀대로 살 수 있도록 기도문을 함께 읽고 기도하며 공과를 마칩니다. 마무리와 함께 학생을 향한 교사의 격려와 응원을 덧붙인다면 최고의 공과가 될 것입니다.

1과 모든 약한 자를 고치신 예수님

소 주 제 : 치유와 약한 자들

본문말씀 : 마태복음 4장 23절(전체 : 마태복음 4장 23 ~ 25절, 15장 29 ~ 31절)

중심구절 : 예수께서 갈릴리 지역을 두루 다니시며 회당에서 가르치시고 복음을 전파하시며 사람들의 모든 질병과 아픈 곳을 고쳐 주셨습니다.

단어 풀이 **치유** 병이나 아픈 것을 잘 다스려 낫게 함.

1 병을 고치시는 예수님과 고침 받고 기뻐하는 사람의 모습을 스티커로 붙여보세요.

2 내용이 맞은 것에 O표, 알맞지 않은 것에 X표를 해보세요.

예수님이 여러 곳을 다니시면서

하나님 나라 복음을 전했어요

예수님 자랑만하셨어요

병을 고쳐주신다는 소문을 들은 병자들이

제자들을 찾아왔어요

예수님을 찾아왔어요

예수님이 병 고치시는 것을 보고 많은 사람들이

하나님께 영광 돌렸어요

화를 냈어요

1 예수님은 여러 곳을 다니시면서 사람들에게 무엇을 전하셨는지 O표 해보세요.

복음 택배 마스크

2 빈칸에 알맞은 답을 적어 보세요.

1. 예수님은 여러 곳을 다니시면서 사람들에게 하나님 나라의 □□을 전하셨어요.
2. 예수님은 복음을 전하실 뿐만이 아니라, 사람들의 모든 □과 모든 약한 것을 고쳐주셨어요.
3. 예수님이 병을 고쳐주신다는 □□이 많은 곳에 퍼졌어요.
4. 사람들은 예수님이 치유하시고 고치시는 모습을 보고 깜짝 놀라며 하나님께 □□을 돌렸어요.
5. 예수님은 우리의 모든 고통과 아픔을 치유하시는 □□□□ □□이세요.

정답 1. 복음 2. 병 3. 소문 4. 영광 5. 하나님의 아들

3 예수님이 병든 사람들에게 하셨던 말씀을 따라 쓰거나 선생님과 함께 읽어보세요.

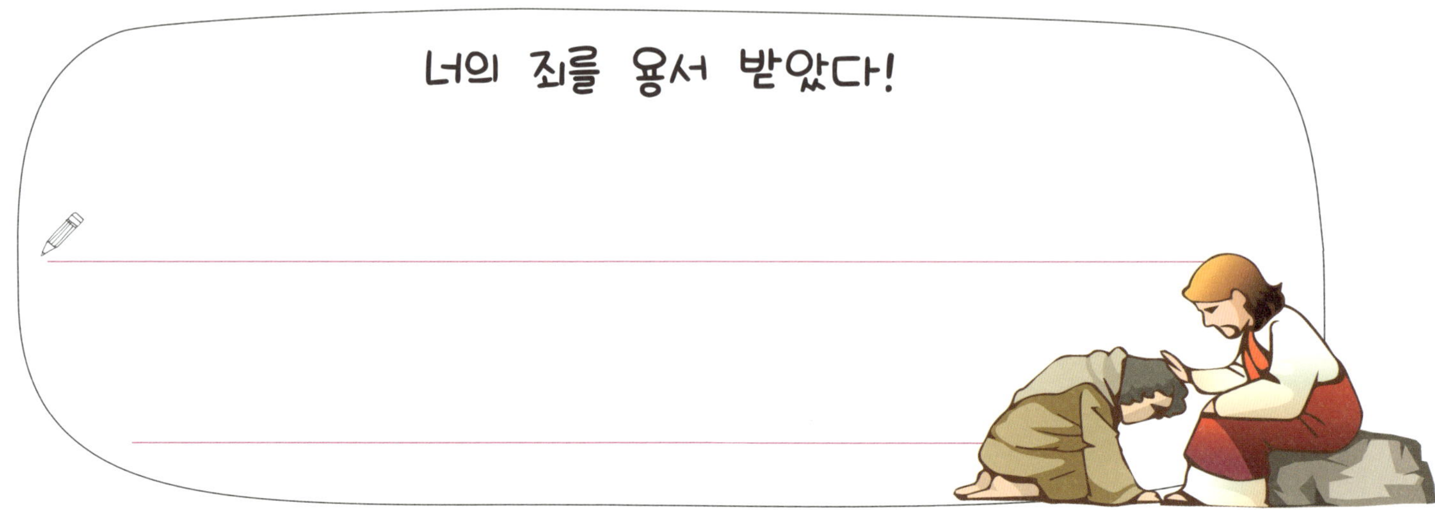

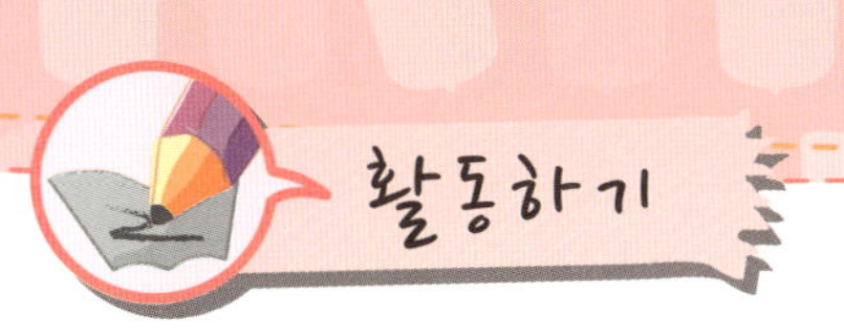

1 사람들에게 하나님 나라의 복음을 전하시는 예수님을 색칠해 보세요.

1. 아플 때는 병원에 가서 치료를 받을 뿐만 아니라 또한 누구에게 고쳐달라고 기도해야하는지를 선생님과 함께 이야기해 보세요.
2. 주변에 아픈 친구가 있으면 어떻게 해야 하는지를 선생님과 함께 이야기해 보세요.

하나님 아버지, 나의 죄를 용서하시고 병을 고쳐주셔서 감사합니다. 예수님의 이름으로 기도드립니다. 아멘.

2과 베드로의 장모와 여러 병자들

소 주 제 : 치유와 열병
본문말씀 : 마태복음 8장 17절(전체 : 마태복음 8장 14 ~17절, 마가복음 1장 29 ~ 34절, 누가복음 4장 38 ~ 41절)
중심구절 : 이는 예언자 이사야를 통해 하신 말씀을 이루시려는 것이었습니다. "그는 몸소 우리 연약함을 담당하셨고 우리의 질병을 짊어지셨다."

단어 풀이 **장모** 아내의 엄마(어머니) / **열병** 몸에서 열이 높이 오르면서 아프게 되는 병

1 병 고침 받기 전의 베드로 장모의 모습과 고침받은 후의 모습을 스티커로 붙여보세요.

2 알맞은 것에 O표, 알맞지 않은 것에 X표를 해보세요.

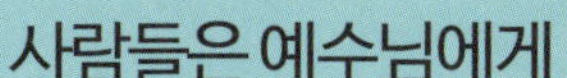
사람들은 예수님에게

고쳐달라고 부탁했어요.

베드로 장모를 어린 아이를

고침 받은 베드로 장모는 예수님께 드릴

준비했어요.

돈을 음식을

예수님이 모든 병자들을 고치신 것은

하신 것이에요.

하나님의 말씀을 이루시려고 자랑하려고

1 베드로 장모는 무슨 병에 걸렸었나요?

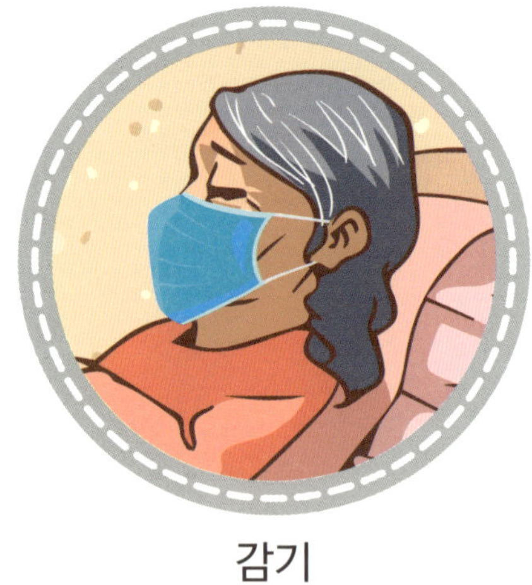
감기

심장병

열병

2 빈칸에 알맞은 답을 적어 보세요.

1. 사람들은 예수님께 □□□ □□의 열병을 고쳐달라고 부탁했어요.
2. 예수님이 베드로 장모의 □을 붙잡아 일으키자 열병이 베드로의 장모에게서 떠나갔어요.
3. 열병이 다 나은 베드로 장모는 일어나서 예수님께 드릴 □□을 준비했어요.
4. 예수님은 열병 뿐 만 아니라 말씀으로 귀신들을 쫓아내시고 □□들을 고쳐 주셨어요.
5. 예수님은 □□□ □□을 이루시려고 모든 병든 자들과 귀신들린 자들을 고치셨어요.

정답 1. 베드로 장모 2. 손 3. 음식 4. 병자 5. 하나님 말씀

3 이사야 53장 4절 말씀을 따라 쓰거나 선생님과 함께 읽어보세요.

그는 몸소 우리 연약함을 담당하셨고
우리의 질병을 짊어지셨다.

1 위의 그림과 다른 것 5가지를 아래 그림에서 찾아서 ○표 해보세요.

1. 예수님은 왜 모든 병자들과 귀신들린 자를 고치셨을까요?
2. 우리가 아플 때는 어떻게 해야 하는지를 선생님과 함께 생각해 보세요.

하나님 아버지, 나의 슬픈 마음과 아픈 몸을 고쳐주셔서 감사합니다. 예수님의 이름으로 기도드립니다. 아멘.

귀신이 쫓겨나 말하게 된 사람

소 주 제 : 치유와 말 못하는 사람
본문말씀 : 마태복음 9장 33절(전체 : 마태복음 9장 32 ~ 36절)
중심구절 : 그리고 예수께서 귀신을 쫓아내시자 말 못 했던 사람이 말을 하게 됐습니다. 사람들은 놀라서 말했습니다. "이스라엘에서 이와 같은 일을 본 적이 없다."

단어 풀이 바리새인 유대의 종교인으로서 율법을 정확하게 지키려고 열심이었던 사람

1 귀신을 쫓아내시고 병든 사람들과 약한 사람들을 고치시는 예수님을 스티커로 붙여보세요

2 예수님이 귀신들린 사람을 보시고 어떻게 하셨는지 맞는 것에 선을 연결해보세요.

예수님은

모른척하시고 그냥 가셨어요.

귀신을 쫓아내시고 고쳐주셨어요.

1 사람들이 예수님께 데리고 온 귀신들린 사람이 하지 못했던 것은 무엇인가요?

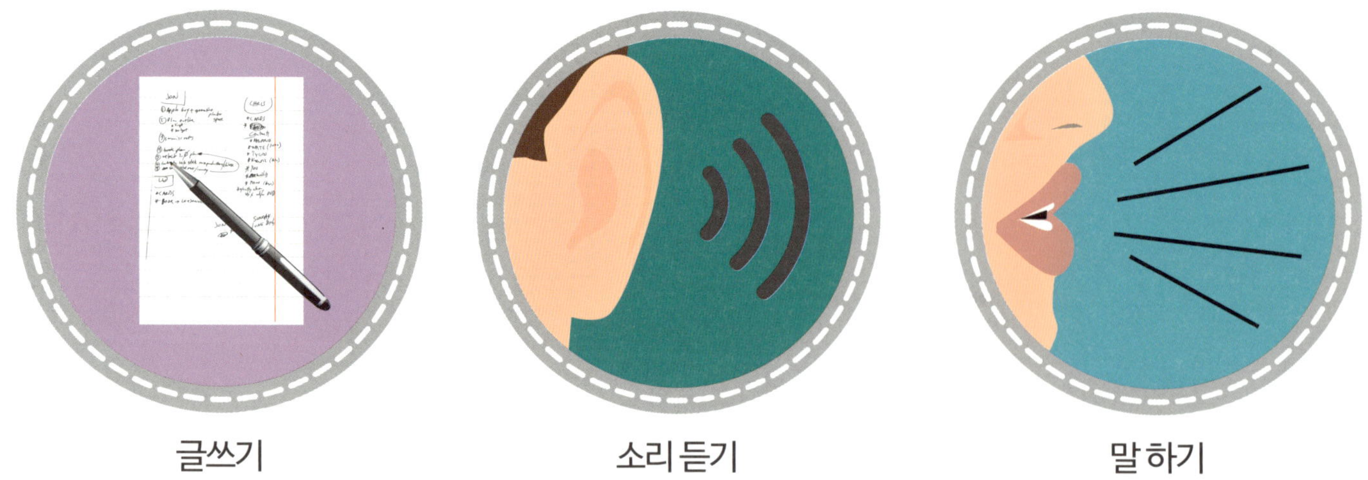

글쓰기 소리 듣기 말 하기

2 빈칸에 알맞은 답을 적어 보세요.

1. 사람들은 귀신 들려 [ ] 을 못하는 사람을 예수님께 데리고 왔어요.
2. 예수님은 말을 못하는 사람에게서 [ ][ ] 을 쫓아내셨어요.
3. 귀신이 쫓겨나고 말을 못한 사람이 말하는 것을 본 사람들은 깜짝 [ ][ ][ ][ ].
4. 바리새인들은 오히려 예수님이 [ ][ ] 의 힘으로 귀신을 쫓아내고 있다고 수군거렸어요.
5. 예수님은 [ ][ ] [ ][ ] 을 전하시면서 많은 병든 사람들과 약한 사람들을 모두 고쳐주셨어요.

정답 1. 말 2. 귀신 3. 놀랐어요 4. 사탄 5. 천국 복음

3 예수님이 귀신을 쫓아내시면서 하셨던 말씀을 따라 쓰거나 선생님과 함께 읽어보세요.

더러운 귀신아, 이 사람에게서 떠나라!

1 내 주위에 아프고 힘든 사람들을 위한 기도를 적고 함께 기도해요.

말씀 따르기

1. 귀신을 쫓아내신 예수님은 누구의 아들이신지 선생님과 함께 이야기 해보세요.
2. 예수님은 온갖 병자들과 연약한 사람들을 고쳐주시면서 무엇을 함께 전하셨나요?

기도하기

하나님 아버지, 예수님처럼 저도 연약한 사람을 도우며 하나님 나라의 복음을 전하게 해주세요. 예수님의 이름으로 기도드립니다. 아멘.

4과 병 고침 받은 중풍병자

소 주 제 : 치유와 중풍병

본문말씀 : 마가복음 2장 5절(전체 : 마태복음 9장 1 ~ 8절, 마가복음 2장 1 ~ 12절, 누가복음 5장 17 ~ 26절)

중심구절 : 예수께서는 그들의 믿음을 보시고 중풍 환자에게 말씀하셨습니다. "얘야, 네 죄가 용서받았다."

단어 풀이 **중풍병** 머릿속에 병이 생겨서 몸을 움직이지 못하게 하는 병

점선을 따라 살짝 접은 후 잡아당겨 주세요

<활동하기!> 병 고침 받은 중풍병자

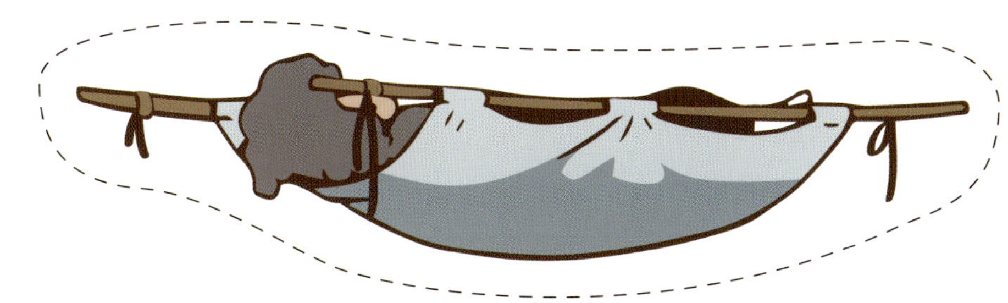

하얀 면을 오려주세요.

예수께서는 그들의 믿음을 보시고 중풍 환자에게 말씀하셨습니다.
"얘야, 네 죄가 용서받았다." - 마가복음 2장 5절

〈 만드는 과정 〉

1.

책에서 활동지를 분리하고 점선 따라 그림을 모두 오려줍니다.

2.
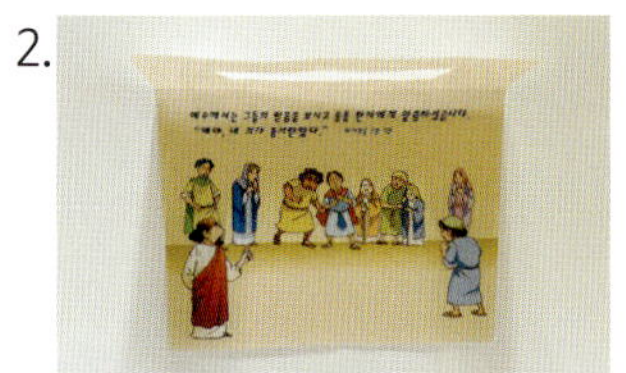

하얀 면을 오려 내어주고 선을 따라 안으로 접어 지붕을 만들어줍니다.

3.

중풍병자 그림에 오려 놓은 두 줄을 붙여줍니다.

4.

말씀 속의 믿음의 친구들 처럼 중풍병자를 예수님께 내려보내는 활동을 해보며 한 번 더 말씀을 복습하고 기도로 마칩니다.

* 종이가 두꺼워서 접는 활동이 어려울 수 있습니다. 접는 선을 커터칼 등 부분을 사용하여 선을 그어 주면 좀 더 쉽게 접을 수 있습니다.

1 예수님께 치유 받기 전과 후의 중풍병자 모습을 스티커로 붙여보세요.

2 빈칸에 알맞은 답을 적어 보세요.

1. 예수님이 가버나움에 있는 어느 집에서 [ ][ ]을 전했어요.
2. 네 명의 사람들이 [ ][ ][ ][ ]를 침상에 메고 와서 예수님을 만나려고 했어요.
3. 네 사람은 [ ][ ]을 뜯고 들것에 누운 중풍병자를 예수님이 계신 곳에 내렸어요.
4. 예수님은 네 사람의 [ ][ ]을 보시고 중풍병자의 죄를 용서하시고 병도 고쳐 주셨어요.
5. 중풍병을 고침 받은 사람과 네 사람은 기뻐서 하나님을 [ ][ ]하며 자기 집으로 돌아갔어요.

정답 1. 복음 2. 중풍병자 3. 지붕 4. 믿음 5. 찬양

1. 믿음 있는 사람은 어려움에 처한 친구를 어떻게 하는지 선생님과 함께 이야기해 보세요.
2. 나에게는 어떤 믿음의 친구들이 있는지를 말해 보세요.

하나님 아버지, 저도 어려운 일을 만난 친구를 믿음으로 도와줄 수 있게 해주세요. 예수님의 이름으로 기도드립니다. 아멘

5과 간질병을 고침 받은 병자

소 주 제 : 치유와 간질병
본문말씀 : 마태복음 17장 15절(전체 : 마태복음 17장 14 ~ 18절)
중심구절 : 주여, 제 아들에게 자비를 베풀어 주십시오. 간질병에 걸려 몹시 고통받고 있습니다. 자주 불 속에 몸을 던지고 물속에 뛰어들기도 합니다.

❶ 어느 날, 제자들과 함께 계신 예수님에게 한 남자가 급하게 달려오고 있었어요.

❷ 남자는 예수님께 무릎을 꿇으며 숨찬 목소리로 아들의 간질병을 고쳐달라고 부탁을 했어요.

❸ 남자는 예수님의 제자들이 아들의 병을 고치지 못한 사실도 예수님께 말했어요.

❹ 남자의 말을 들으신 예수님은 믿음이 적은 제자들을 야단쳤어요. 그리고 간질병에 걸린 아이를 데리고 오라고 말씀하셨어요.

❺ 예수님은 제자들이 데려온 아이를 보자마자 아이 안에 있던 귀신을 꾸짖으셨어요.

❻ 귀신이 아이에게서 떠나자 아이의 간질병이 깨끗하게 나았어요.

단어 풀이 간질병 갑자기 온몸이 떨리거나 제대로 행동하기 어렵게 되는 병

1 간질병을 고쳐주신 예수님과 고침을 받은 아버지와 아들을 스티커로 붙여보세요.

2 간질병을 고침 받은 아이가 예수님께 한 말을 따라 써보세요.

6과 듣고 말할 수 있게 된 장애인

소 주 제 : 치유와 언어·청각장애
본문말씀 : 마가복음 7장 35절(전체 : 마가복음 7장 31 ~ 37절)
중심구절 : 그러자마자 그 사람은 귀가 뚫리고 혀가 풀리더니 제대로 말하기 시작했습니다.

단어 풀이 소문 여러 사람들 사이에서 떠도는 소식이나 이야기

1 듣지도 말하지도 못하는 사람이 고침 받고 기뻐하는 모습과 예수님을 스티커로 붙여보세요.

2 예수님께서 듣지도 말하지도 못하는 사람을 어떻게 고치셨는지 맞는 것에 ○표 해 보세요.

양쪽귀에 손을 넣으시고
손가락에 침을 발라 혀를
만지셨어요.

제자들을
시키셨어요.

'에바다'라고
말씀하셨어요.

1 예수님이 갈릴리 호수에 가셨을 때 누가 예수님을 찾아 왔는지 O표 해보세요.

팔을 다친 사람

앞을 볼 수 없는 사람

듣지도 말하지도 못하는 사람

2 빈칸에 알맞은 답을 적어 보세요.

1. 사람들이 듣지도 말하지도 못하는 사람을 ☐☐☐께 데리고 와서 고쳐달라고 부탁했어요.
2. 예수님은 그의 양쪽 ☐에 손가락을 넣었어요. 또 손가락에 침을 발라 그의 ☐를 만지셨어요.
3. 예수님은 하늘을 쳐다보며 큰 숨을 한 번 쉬고 "☐☐☐!"라고 말했어요.
4. 그 장애인은 즉시 귀가 열리고 혀가 풀려서 ☐☐를 듣고 말할 수 있게 되었어요.
5. 사람들은 예수님이 ☐☐를 고치신 일을 보고 매우 놀랐어요.

정답 1. 예수님 2. 귀, 혀 3. 에바다 4. 소리 5. 장애

3 예수님이 듣지도 못하고 말하지도 못하는 사람에게 하셨던 말씀을 따라 쓰거나 선생님과 함께 읽어보세요.

활동하기

1 **왼쪽의 모습과 같은 그림을 찾아 선을 그어 연결해보세요.**

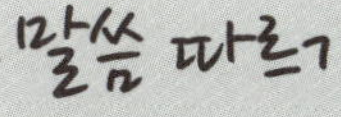

말씀 따르기

1. 예수님께서 장애인을 고치신 것을 본 사람들은 무엇을 했는지를 선생님과 함께 이야기해보세요.
2. 청각장애인이나 언어장애인을 만나면 어떻게 해야 할지를 함께 이야기해보세요.

기도하기

하나님 아버지, 예수님께서 보여주신 놀라운 일들을 믿음으로 많은 친구들에게 전할 수 있도록 도와주세요. 예수님의 이름으로 기도합니다. 아멘.

7과 아기를 가지게 된 부부

소 주 제 : 치유와 불임
본문말씀 : 누가복음 1장 13절(전체 : 누가복음 1장 5 ~ 20절, 57 ~ 80절)
중심구절 : 그러자 천사가 말했습니다. "두려워하지 마라. 사가랴야, 하나님께서 네 기도를 들으셨다. 네 아내 엘리사벳이 네게 아들을 낳아 줄 것이니 그 이름을 요한이라 하여라.

❺ 시간이 흘렀어요. 그리고 천사가 전해준 말처럼 엘리사벳은 아들을 낳았어요. 사가랴는 아들의 이름을 '요한'이라고 지었어요. 그리고 이웃들과 친척들이 매우 기뻐하였어요.

하나님, 감사합니다!

하나님께서 아기를 가질 수 없는 부부에게 아들을 주셨구나!

단어 풀이 예비하다 필요한 것을 미리 준비하다

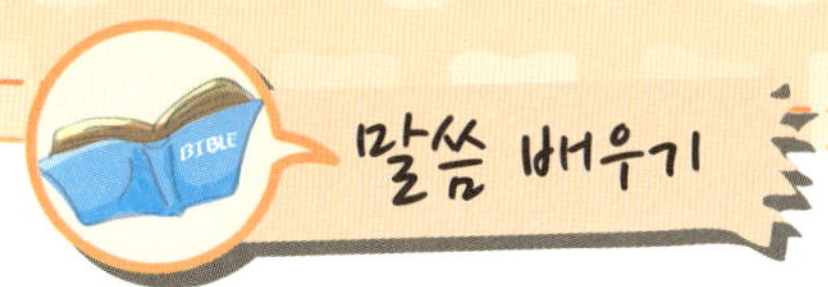

1 하나님의 도움으로 아들을 갖게 되어 기뻐하는 엘리사벳과 사가랴를 스티커로 붙여보세요.

2 아들을 얻을 것이라는 천사의 기쁜 소식을 사가랴는 왜 믿지 않았나요?

천사의 기쁜 소식

하나님께 벌 받았다고 생각

나이가 많아서 아이를 못 낳는다고 생각

1 나이가 많아 아기를 가질 수 없었던 사가랴와 엘리사벳은 하나님의 도움으로 무엇을 얻었나요?

많은 양들

아들 요한

많은 이웃들

2 빈칸에 알맞은 답을 적어 보세요.

1. 유대에 사가랴와 엘리사벳이라는 나이 많은 ☐☐가 살고 있었어요.
2. 이들 부부에게는 ☐☐가 없었어요. 그래서 사가랴와 엘리사벳은 마음이 슬펐어요.
3. 천사가 사가랴에게 나타나서 엘리사벳이 ☐☐을 낳을 것이라는 기쁜 소식을 전해 주었어요.
4. 시간이 흘렀어요. 그리고 ☐☐가 전해준 말처럼 엘리사벳은 아들을 낳았어요.
5. 아기를 가질 수 없었던 사가랴와 엘리사벳은 ☐☐☐☐ ☐☐으로 예쁜 아들을 얻었어요.

정답 1. 부부 2. 자녀 3. 아들 4. 천사 5. 하나님의 도움

3 천사가 사가랴에게 했던 말을 따라 쓰거나 선생님과 함께 읽어보세요.

하나님께서 너의 기도를 들으셨다.

1 아들 요한을 보고 기뻐하는 사가랴와 엘리사벳을 색칠해보세요.

1. 처음에 사가랴는 왜 천사가 전해준 기쁜 소식을 믿지 못했나요?
2. 하나님께서 들으시는 기도를 하려면 어떻게 해야 하는지를 선생님과 함께 생각해보세요.

하나님 아버지, 주님의 말씀을 믿고 용기 있게 살아가게 해주세요. 예수님의 이름으로 기도드립니다. 아멘.

8과 마비된 손을 고침 받은 병자

소 주 제 : 치유와 마비

본문말씀 : 누가복음 6장 10절(전체 : 마태복음 12장 10 ~ 13절, 마가복음 3장 1 ~ 5절, 누가복음 6장 6 ~ 10절)

중심구절 : 예수께서는 그들 모두를 둘러보고는 그 사람에게 말씀하셨습니다. "네 손을 펴 보아라!" 그가 손을 펴자 그의 손이 회복됐습니다.

단어 풀이 마비 몸을 제대로 움직일 수 없는 것 / 안식일 유대 사람들이 아무 일도 하지 않고 지키는 종교적 휴일

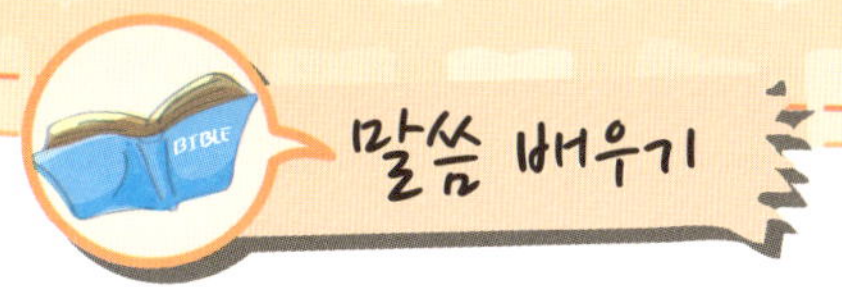

1 예수님이 손이 마비된 병자를 고치시는 모습을 스티커로 붙여보세요.

2 예수님을 미워하고 나쁜 마음을 가지고 있었던 사람들은 누구인지 O표 해보세요.

손이 마비된 병자

제자들

서기관과 바리새인들

1 안식일에 예수님은 하나님 말씀을 전하시려고 어디에 가셨나요?

높은 산

회당

마을

2 빈칸에 알맞은 답을 적어 보세요.

1. 예수님은 회당 안에 한쪽 손이 마비된 ☐☐ 를 보셨어요.
2. 예수님은 그 병자를 보시고 ☐☐☐ 여기셨어요.
3. 예수님은 서기관과 바리새인들의 ☐☐ ☐☐ 을 아셨어요.
4. 예수님은 손이 마비된 병자에게 "☐☐ ☐☐!"라고 말씀을 하셨어요.
5. 그러자 병자의 손이 펴지며 깨끗하게 ☐☐☐☐.

정답 1. 병자 2. 불쌍히 3. 나쁜 생각 4. 손을 펴라 5. 나았어요

3 예수님이 손이 마비된 병자에게 하셨던 말씀을 따라 쓰거나 선생님과 함께 읽어보세요.

손을 펴라!

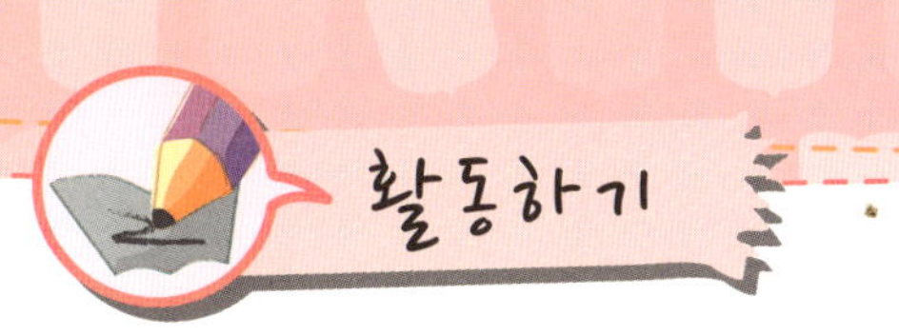

활동하기

1 길을 따라가며 예수님께서 올바르게 보시는 것에는 O표, 그렇지 않은 것에는 X를 해보세요.

예수님이 올바르게 보시는 것은 ->

나눔 / 배려

봉사 / 섬김

미움 / 질투

나쁜 마음

도움 / 긍휼

말씀 따르기

1. 아픈 사람을 보면 어떤 마음을 가져야 하는지를 선생님과 함께 이야기해보세요.
2. 예수님께서 올바르게 보시는 행동들은 어떤 것들이 있는지를 선생님과 함께 생각해 보세요.

기도하기

하나님 아버지, 예수님처럼 사람들을 도와주는 올바른 일을 할 수 있도록 용기를 주세요. 예수님의 이름으로 기도드립니다. 아멘.

9과 굽은 허리가 곧게 펴진 여인

소 주 제 : 치유와 몸이 굽은 병

본문말씀 : 누가복음 13장 12 ~ 13절(전체 : 누가복음 13장 10 ~17절)

중심구절 : 예수께서 그 여인을 보고 앞으로 불러내 말씀하셨습니다. "여인아, 네가 병에서 해방됐다!" 그리고 예수께서 여인에게 손을 얹으셨습니다. 그러자 여인은 허리를 쭉 펴고 일어서서 하나님께 영광을 돌렸습니다.

단어 풀이 회당 유대 사람들이 모여서 기도하거나 성경을 읽거나 설교를 하는 장소

<활동하기!> 굽은 허리가 곧게 펴진 여인

〈 만드는 과정 〉

1. 
책에서 활동지를 분리하고
그림의 모양대로 오려줍니다.
★ 할핀을 꼭 준비해주세요.

2. 
하얀 원 부분을 오려주거나
칼집을 내어줍니다.

3. 
몸통이 위로 오게 하여 두장을
겹쳐 할핀으로 고정시켜줍니다.

4. 
완성된 그림을 가지고 예수님께 고
침받기 전과 후의 모습을 설명하며
말씀을 한 번 더 복습하고 기도로
마칩니다.

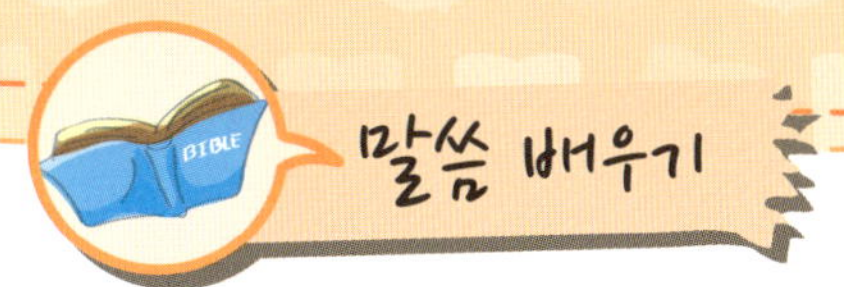

1 **허리가 꼬부라져 펴지 못하던 여인의 고침받기 전과 후의 모습을 스티커로 붙여보세요.**

1 **빈칸에 알맞은 답을 적어 보세요.**

1. 예수님이 안식일에 회당에서 사람들에게 ☐☐을 가르치고 있었어요.
2. 18년 동안 귀신이 들려 ☐☐가 꼬부라져 펴지 못하는 한 여인이 있었어요.
3. ☐☐☐은 허리가 꼬부라진 여인을 보시고 부르셨어요.
4. 그리고 손을 얹고 ☐☐를 하시자 여인의 꼬부라진 허리가 쭉 펴지고 병이 나았어요.
5. 예수님을 따르던 사람들은 ☐☐☐☐ 소리쳤어요.

정답 1. 복음 2. 허리 3. 예수님 4. 기도 5. 기뻐하며

1. 만일 예배시간에 어떤 사람이 아프면 어떻게 해야 할지를 선생님과 함께 이야기해보세요.
2. 왜 예수님은 회당장과 못된 종교 지도자들을 꾸짖으셨는지 선생님과 함께 생각해 보세요.

하나님 아버지, 주일에도 불쌍한 사람을 돕는 옳은 일을 하겠습니다. 예수님의 이름으로 기도드립니다. 아멘.

10과 예수님처럼 병을 고치는 제자들

소 주 제 : 치유와 제자들
본문말씀 : 누가복음 9장 6절(전체 : 누가복음 9장 1 ~ 6절)
중심구절 : 제자들은 나가서 여러 마을들을 두루 다니며 곳곳에서 복음을 전파하며 사람들을 고쳐 주었습니다.

단어 풀이 능력 어떤 일을 해낼 수 있는 힘

1 여러 마을을 다니며 하나님 나라를 전하고 아픈 사람들을 고쳐주는 제자들을 스티커로 붙여보세요.

2 예수님이 말씀하신 하나님 나라를 전하고 병든 자들을 고칠 때에 꼭 지켜야 할 것은 무엇인가요?

예수님

꼭 하나님만 의지해야 한다.

꼭 선물을 받아라.

1 제자들에게 귀신들을 이기고 병을 고치는 능력과 권세를 주신분은 누구인지 O표 해보세요.

천사

예수님

서기관과 바리새인들

2 빈칸에 알맞은 답을 적어 보세요.

1. 어느 날, 예수님은 12명의 ☐☐ 들을 한 자리에 모으셨어요.
2. 예수님은 모인 제자들에게 귀신들을 이기고 병을 고치는 ☐☐ 과 ☐☐ 를 주셨어요.
3. 예수님은 제자들을 보내시기 전에 반드시 지켜야 할 것을 ☐☐ 하셨어요.
4. 제자들은 여러 마을을 다니면서 ☐☐☐ ☐☐ 를 전하고 아픈 사람들을 고쳐주었어요.
5. 예수님을 ☐☐ ☐☐☐ 은 병을 고침받기도 하지만 병을 고칠 수 있는 능력도 받아요.

정답 1. 제자 2. 능력, 권세 3. 말씀 4. 하나님 나라 5. 믿는 사람들

3 예수님께서 제자들에게 하셨던 말씀을 따라 쓰거나 선생님과 함께 읽어보세요.

하나님 나라를 전하고 병든 자들을 고쳐주라.

1 위에 있는 그림의 예수님과 제자들이 한 일이 맞는 것을 찾아 연결해보세요.

예수님은 제자들에게

예수님은

제자들은

예수님은 반드시

병든 자들을 고칠 때에는 하나님만 의지해야 한다고 말씀하셨어요.

여러 마을을 다니면서 하나님 나라를 전하고 아픈 사람들을 고쳐 주었어요.

12명의 제자들을 한 자리에 모으셨어요.

귀신들을 이기고 병을 고치는 능력과 권세를 주셨어요.

1. 예수님 말씀대로 실천하려면 누구만을 의지해야 하는지 선생님과 함께 이야기해보세요.
2. 나는 예수님으로부터 어떤 능력을 받았는지를 선생님과 함께 이야기해보세요.

하나님 아버지, 하나님의 말씀을 실천할 수 있도록 저에게도 힘과 능력을 주세요. 예수님의 이름으로 기도드립니다. 아멘.

11과 오래된 병을 고침 받은 병자

소 주 제 : 치유와 오래된 병

본문말씀 : 요한복음 5장 8 ~ 9절(전체 : 요한복음 5장 1 ~9절)

중심구절 : 그러자 예수께서 그에게 말씀하셨습니다. "일어나 네 자리를 들고 걸어가거라." 그러자 그가 곧 나아서 자리를 들고 걸어갔습니다. 그날은 안식일이었습니다.

❺ 예수님은 아픈 사람에게 다가가서 병이 낫기를 원하는지 물어보셨어요. 그런데 아픈 사람은 베데스다 연못에 들어가지 못해서 병을 고칠 수 없다는 엉뚱한 말을 했어요.

네가 낫기를 원하느냐?

저는 연못에 먼저 들어가지 못해서 병이 나을 수가 없어요... 흑흑흑...

단어 풀이 기적 하나님의 힘으로 이루어지는 신비하고 놀라운 일

1 38년 동안 아팠던 사람이 예수님을 만나 고침받기 전과 후의 모습을 스티커로 붙여보세요.

2 알맞은 것에 O표, 알맞지 않은 것에 X표를 해보세요.

예루살렘의 베데스다 연못에는 많은

아픈 사람들이

장사하는 사람들이

있었어요.

제자들은

예수님은

아픈 사람에게 다가가서 병이 낫기를 원하는지 물어보셨어요.

1 예수님이 유대인의 명절이 되자 어디로 가셨는지 맞는 것에 O표 해보세요.

런던 예루살렘 뉴욕

2 빈칸에 알맞은 답을 적어 보세요.

1. 예루살렘 안에는 베데스다라는 ☐☐ 이 있었어요.
2. ☐☐ ☐☐☐ 은 천사가 가끔 연못에 와서 물을 움직인다고 믿었어요.
3. 연못에는 ☐☐☐ 동안 아팠던 사람이 있었어요.
4. ☐☐☐ 은 아픈 사람에게 다가가서 병이 낫기를 원하는지 물어보셨어요.
5. 예수님은 아픈 사람에게 "일어나 네 자리를 들고 ☐☐☐☐!"라고 말했어요.

정답 1. 연못 2. 아픈 사람들 3. 38년 4. 예수님 5. 걸어가라

3 예수님이 38년 된 병자에게 하신 말씀을 따라 쓰거나 선생님과 함께 읽어보세요.

1 **38년 동안 아팠던 사람이 예수님께 고침 받고 기뻐하는 모습을 색칠해보세요.**

1. 38년 된 병자가 오랫동안 병을 고치지 못했던 이유를 선생님과 함께 생각해보세요.
2. 잘못된 생각을 고치지 않으면 어떻게 되는지를 선생님과 함께 이야기해보세요.

하나님 아버지, 잘못된 생각을 고치지 않고 오랫동안 고집부린 것을 용서해 주세요. 앞으로는 주님의 말씀 따라서 착하게 살겠습니다. 예수님의 이름으로 기도드립니다. 아멘.

12과 걷고 뛰게 된 지체장애인

소 주 제 : 치유와 다리 장애
본문말씀 : 사도행전 3장 6절(전체 : 사도행전 3장 1 ~ 10절)
중심구절 : 베드로가 "은과 금은 내게 없으나 내게 있는 것을 당신에게 주겠소. 나사렛 예수 그리스도의 이름으로 일어나 걸으시오"라고 말하고

단어 풀이 **구걸** 남에게 돈이나 물건, 음식 따위를 거저 달라고 비는 것

1 예수 그리스도의 이름으로 걷지 못하는 사람을 고친 베드로를 스티커로 붙여주세요.

2 내용이 맞은 것에 O표, 알맞지 않은 것에 X표를 해보세요.

베드로와 요한은 오후에 기도하러

예배당으로 갔어요.

산으로 갔어요.

앞을 못 보는 사람이 있었어요

걷지 못하는 사람이 있었어요

베드로는 걷지 못하는 사람에게

예수 그리스도의 이름으로
일어나 걸으라고 했어요.

나를 믿고 일어나
걸으라고 했어요.

1 베드로가 걷지 못하는 사람에게 누구의 이름으로 일어나 걸으라고 말했는지 O표 해보세요.

베드로

빌라도

예수 그리스도

2 빈칸에 알맞은 답을 적어 보세요.

1. 베드로와 요한은 ☐☐☐ 문 앞에 앉아 있는 지체장애인을 보았어요.
2. 그 지체장애인은 태어날 때부터 ☐ ☐☐ 사람이었어요.
3. 베드로는 나사렛 ☐☐ ☐☐☐☐의 이름으로 일어나 걸으라고 말했어요.
4. 베드로가 걷지 못하는 사람의 오른손을 잡아 ☐☐☐☐☐.
5. 그러자 그는 일어나 걷기도 하고 펄쩍 뛰면서 하나님을 ☐☐했어요.

정답 1. 예배당 2. 못 걷는 3. 예수 그리스도 4. 일으켰어요 5. 찬양

3 베드로가 걷지 못하는 사람에게 했던 말을 따라 쓰거나 선생님과 함께 읽어보세요.

예수 그리스도의 이름으로 일어나 걸으시오!

1 1,2,3 숫자의 줄을 따라가서 베드로가 한 일이 맞으면 ○표 틀리면 X표를 해보세요.

베드로는

①
②
③

요한과 함께 기도하려고 예배당으로 갔어요.

예수 그리스도의 이름으로 일어나 걸으라고 말했어요.

걷지못하는 사람을 못 본척 했어요.

1. 어려운 일이 있을 때에는 누구의 이름으로 힘을 얻을 수 있는지를 선생님과 함께 생각해보세요.
2. 명예나 돈보다 더 소중한 것은 무엇인지 선생님과 함께 이야기해보세요.

하나님 아버지, 오늘도 예수 그리스도의 이름으로 승리하게 해주세요. 예수님의 이름으로 기도드립니다. 아멘.

13과 실로암에서 눈을 뜬 시각장애인

소 주 제 : 치유와 시각장애인
본문말씀 : 요한복음 9장 7절(전체 : 요한복음 9장 1 ~9절)
중심구절 : 그리고 그에게 말씀하셨습니다. "실로암 연못에 가서 씻어라." ('실로암'은 '보냄을 받았다'는 뜻입니다) 그 사람이 가서 씻고는 앞을 보게 돼 집으로 돌아갔습니다.

단어 풀이 실로암 보냄을 받았다 / 기적 하나님의 힘으로 이루어지는 신비하고 놀라운 일

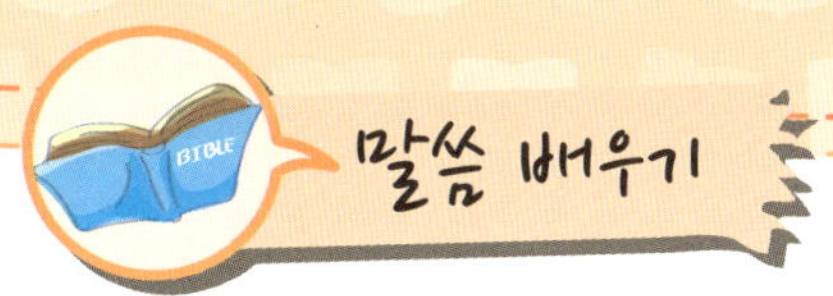

1 예수님 말씀대로 실로암 연못으로 가서 눈을 씻고 앞을 보게 된 사람을 스티커로 붙여보세요.

2 예수님이 앞을 못보는 사람에게 하신 일의 순서대로 숫자를 써 보세요.

(　　) 실로암 연못에 가서 눈을 씻으라고 하셨어요.

(　　) 땅에 침을 뱉어 진흙을 만드셨어요.

(　　) 만든 진흙을 눈에 바르셨어요.

1 '보냄을 받았다'는 뜻을 가진 연못의 이름은 무엇인가요?

2 빈칸에 알맞은 답을 적어 보세요.

1. 예수님과 제자들은 태어날 때부터 앞을 보지 못했던 ☐☐☐☐☐을 만났어요.
2. 예수님은 이 사람이나 부모의 죄 때문이 아니라 ☐☐☐☐ ☐을 나타내기 위함이라고 하셨어요.
3. 예수님은 자신이 '☐☐☐ ☐'이라고 말씀하셨어요.
4. 예수님이 말씀을 하신 후에 땅에 침을 뱉어 진흙을 만들어 시각장애인의 ☐에 바르셨어요.
5. 시각장애인이 ☐☐☐ 연못에서 눈을 씻으니 눈이 밝아져서 앞을 보게 되었어요.

정답 1. 시각장애인 2. 하나님의 일 3. 세상의 빛 4. 눈 5. 실로암

말씀 따르기

1. 예수님께서는 왜 자신을 '세상의 빛'이라고 말씀하셨는지를 선생님과 함께 생각해보세요.
2. 앞을 볼 수 없었던 시각장애인은 어떻게 해서 용기를 가지고 실로암 연못으로 갈 수 있었는지를 선생님과 함께 이야기해보세요.

기도하기

하나님 아버지, 세상의 빛이 되시는 예수님의 말씀을 의지하여 바르게 살겠습니다. 예수님의 이름으로 기도드립니다. 아멘.

<활동하기!> 실로암에서 눈을 뜬 시각장애인

〈 만드는 과정 〉

1\. 

책에서 활동지를 분리하고 그림을 모양대로 모두 오려줍니다.

2\. 

그림을 접는 선을 따라 안으로 접어줍니다.

3\. 

그림 안쪽 가운데 부분에 오려놓은 그림을 붙여줍니다.

4\. 

오려놓은 예수님의 팔을 그림 뒤에 붙이고 앞으로 접어줍니다.

5\. 

예수님 손바닥에 진흙 그림을 붙여 주며 학생과 함께 예수님께서 앞을 못보는 사람을 고쳐주신 과정을 설명하며 한 번 더 복습하고 기도로 마칩니다.

* 완성된 활동을 통해 다른 친구들과 가족들에게 학생들이 전할 수 있도록 지도해 주시면 좋겠습니다.

* 종이가 두꺼워서 접는 활동이 어려울 수 있습니다. 접는 선을 커터칼 등 부분을 사용하여 선을 그어 주면 좀 더 쉽게 접을 수 있습니다.

점선을 따라 살짝 접은 후 잡아당겨 주세요

...... 안으로 접는 선　— · — 바깥으로 접는 선　- - - - 자르는 선

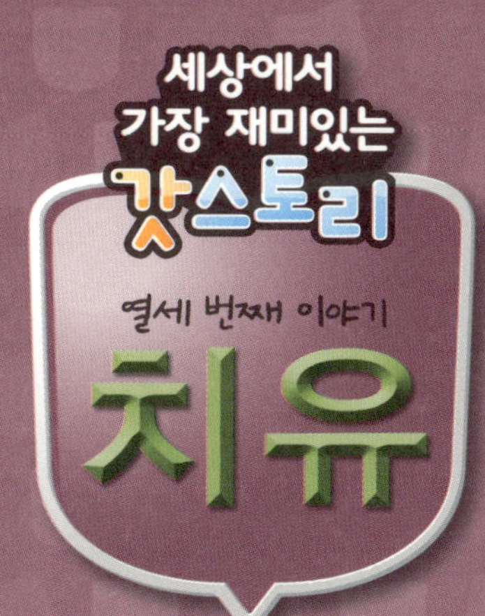

STICKER 1

아픈 사람들에게
기적을 행하신 예수님의 이야기

5p

9p

13p

19p

21p

25p

29p

33p

39p

41p

45p

49p

53p

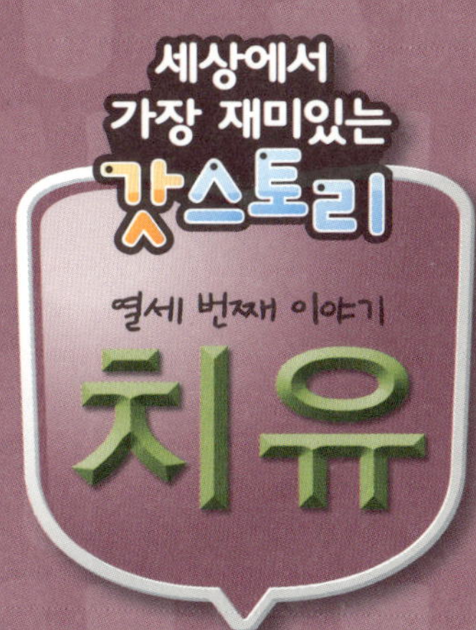

STICKER 2

아픈 사람들에게
기적을 행하신 예수님의 이야기

5p

9p

13p

19p

21p

25p

29p

33p

39p

41p

45p

49p

53p